日本の民主主義のさらなる進展のために

『安保条約を解消し、豊かな福祉国家へ』Part 2

はじめに

２０２３年11月、著者は『安保条約を解消し、豊かな福祉国家へ』（東銀座出版社）を出版し、世に問いました。

同書を書き終え、著者の正直な気持ちは、その内容においていまだ検討不十分な箇所は何か所かあると思いました。特に第5章「新自由主義経済の生活破壊とその脱却」につき、新自由主義による国民の貧富格差の拡大原因及び第6章「日本が向うべき高度福祉国家の実現」につき、政権交代の具体的方法（政権移行論）について、さらに日本社会全体の民主主義化の遅れなどにつき、いずれも検討不足で意を尽くしていないとの反省があり、さらなる研究と思索が必要との気持ちが残りました。

これらの諸点につき、この度、その補充にふさわしい書籍に出会い精読、検討をなし前出版書の補充書として本書「ｐａｒｔ ２」の発行に至ったのです。

貧富の格差拡大原因については、山田博文著『国債ビジネスと債務大国日本の危機』（新日本出版社・２０２３年11月発行）が膨大な国債発行に関連して貧富の発生原因について鋭く追及しています。

非抵抗による政権交代の方法については、ジーン・シャープ著、瀧口範子訳『独裁体制から民主主義へ』（筑摩書房・２０１2年8月発行）が世界的規模で独裁体制に対する非抵抗の政治闘争への方法及び具体的事例につき極めて具体的な内容を示しています。

また花岡蔚著『自衛隊も米軍も、日本にはいらない！』（花伝社・２０２3年5月3日発行）は、日本の非武装中立国への改革を具体的に述べている良書であることを知りました。

現代日本の底抜けだらけの民主主義社会をさらに大きく進めるためには、伊藤千尋著『コスタリカ』（高文研・２０２３年11月１日発行）が極めてわかりやすい国民の政治・社会生活の民主化への指導書になると確信します。『コスタリカ』では、国家としては小さな農業国でありながら、驚くべき高度な民主化された政治・社会であり、購入して一読を強くお勧めします。

２０２４年６月６日
川島仟太郎

目次

第2章　独裁体制から民主主義への政治的非暴力闘争 …………… 34

第1章

世界一の国債発行による日本経済と国民生活の混乱

はじめに

国債は「国庫債券」の略称であり、その法的意味は日本国発行の国債証書の所持者宛の「借金証書」です。

一般家庭や企業ではその家計・会計は総収入を見積り、その範囲内で総支出金を賄っています。仮に総支出が総収入を超えてしまうと赤字経営となり、他者からの借入れが必要です。借入金が相当な多額となり返済できなければ、最終的に裁判所による「破産宣告」にて、経済的無能力者と判定されてしまうのです。

「国債」はまさに右に言う日本国家の財政収支が赤字状態で発行さる借用書であり、さらに重大なことは、その借用書が有価証券と化し、「金融商品」と化して独立して国債市場で売買の対象となっているという「国債の商品」化が国債の特異な性質なのです。

日本国の2023年3月末現在の国債既発行額は、1，441兆円という驚くべき膨大な金額であり、これは突出した国債発行額であり、世界一の借金国なのです。

その原因は自民党政治の下で、特に2012年以降の安倍政権下での銀行・証券会社をはじめ、大企業の法人税引き下げなどの支援のため、また安保条約（第二条　経済安保条項）の下で米国から大量の兵器の爆買いなどのために、安倍派内閣が過大な金融緩和政策を実施して国債の大量発行となったのです。

現在、日本の財政は膨大な国債債務とその結果で円暴落（円安）の危機にあり、この危機を「どのように乗り切るか」が今日、最大の国家及び国民の大問題なのです。

一　国債発行は法律で原則禁止である

1　国債発行の実態

国の財政、即ち国家の歳入と歳出について歳入を超える歳出、即ち国家の赤字経営は、財政法第四条一項で原則禁止されています（財政法四条一項「国の歳出は、公債または借入金以外の歳入を以て、その財源としなければならない」）。即ち、明治37年の日清戦争以降、約10年ごとの日露戦争、第一次世界大戦、日中戦争、アジア・太平洋戦争では、軍備拡大のために膨大な軍事国債が発行された反省から、戦後、国債発行を原則禁止としたのです。

日清・日露戦争では約20億円、アジア・太平洋戦争では約2，０００億円の国債が発行されました。その際、政府は日銀から直接借入れをして軍備費に充てたことから、大量の国債が市中に出回り、戦後は消費者物価が約１００倍に高騰し経済が混乱しました。その反省からその後、財政法、日銀法を改定し、政府が日銀からの借入禁止（日銀法四条）、日銀の国債直接引受禁止（同法五条）などの法律が定められたのです。

この様な経緯から、国の予算は毎年の歳入の範囲内で歳出が賄われること、即ち均衡予算が原則であり、赤字予算ゆえの国債発行による国家運営は、あってはならないのです。

2　赤字国債発行の日常化

しかし、リーマンショックがあった２００８年以降、「国債発行」に依存する赤字予算のために、国債発行が多くなりました。特に２０１２年以降の第二次安倍政権下ではその依存度が高まり、２０１６年には国債発行高１４３・５兆円（借換国債＝満期到来の国債の書換えの国債の再発行を含む）のうち、83％が赤字補填のための国債発行という、国家予算の調達の方法でした。

3　国債の金融商品としての機能

国債は金融商品であっても他の株式や投資信託などの金融商品と異なり、満期時における国債の額面額と表示金利の支払いを国家が保証しているノーリスクの金融商品です。

さらに国債のグローバルな国際的取引の金融商品の特性として、各国の国債市場における取引はその証券記載の各国の貨幣単位ではなく、国債市場における需給関係で決まる額面金額に対する金利（これを「利回り」という）によって、価値の優劣が決まります。世界の国債市場は日本から始まり、順次夜明けと共にインド、ＥＵ、米国など24時間を通じ、情報通信革命により時々刻々行なわれています。

10兆円規模の取引では０・００１％の金利差でも、１００億円の利益が発生します。このようなわずかな金利差を狙って、1秒間に何十回もの取引を繰返し、国債の一日の売買高は「億」単位を超えて「京」単位の天文学的規模の「国債ビジネス」になっているのです。

今や日本の国債市場は、米国ウォール街のわずか30社の独占金融資本の配下にあります。日本国債の売買により、日本の富（国債）が多量に海外の巨大金融機関などに流出し、日本経済が衰退しつつあるのです。

このような経済状況は、これまでの生産資本主義（生産・流通・消費の繰返し）を遥かに凌駕する超金融資本主義です。日本は世界一の国債大量発行国であり、それ故に国債価値も世界一の最低値なのです。

二　国債の発行・引受・流通・償還の流れとその関与者（国家、日銀、銀行等金融機関、国民）

1　国債発行の三大原因

財政法は政府の国債発行を原則禁止しています。時の政府の国家の予算編成につき、次年度の歳入としては主として租税収入、その他に国家財産の売却代金・国家施設の手数料・使用料・雑収入などです。それを見積り、その範囲内での歳出予算を立てることが正常な予算編成です。

しかし、その年度の歳入では到底賄えない特段の歳出事情、たとえば大規模な地震発生による大災害の復旧工事経費など、止むを得ず多額な歳出が必要な場合は、国債発行をせねばならないのです。そのような特段の事情を類型化すると大きくは三つあり、建設国債、軍事国債、その他赤字国債があります。

通常の国道建設、国立建物などの費用で、その年度の租税収入で賄うべきです。それ以上の大規模な建設工事、たとえば災害復興の建設費、オリンピック開催などの歳出の場合に発行される国債が建設国債です。

軍事国債とは言うまでもなく対外戦争時、またはその準備のための通常歳入では賄えない時に発行される国債です。現在の日本では、過去の苦い経験、新憲法第九条の戦争放棄の規定から、戦争経費の国債発行はできません。

赤字国債は通常では歳出が予想されないその他の重大事情の発生です。たとえばコロナなど大規模な疫病の発生時の対策費、大規模地震発生時の対策費などで予想外の歳出の時に発行される国債です。

国債が発行される時は、その国庫証券に「額面金額、返済時期、毎年の金利」などが表示されており、たとえば「長期国債」では「額面額100万円、返済時期発行日より満10年後の年月日、1年間の金利は額面金額に対して3%」などの記載です。

ただし、国債の金利については2種類があり、一つは右の国債証書に記載された金利で、これを「表面金利またはクーポン、単に金利」と言います。他は国債市場において需給関係で決まる金利であり、これを通常「利回り」と呼ばれています。

2　国債の発行・引受・流通・償還の流れとその関与者

国家（内閣）にとっては歳入不足分がある場合、その不足分を補う政策として国債発行は予算執行に不可欠な事柄です。

また、国債の発行は要するに国の借金であり、かたや国の借金は国の歳入、即ち税金収入で賄われ、税金は国家徴税権に基づき税金で賄われるのであり、結局、国債の返済者・支払者は国民なのです。それ故に国債の発行には国会の承認が必要なのです。そして、国債の発行は税制にも大きな影響を及ぼすのです。安倍政権下では、巨額な国債発行による返済は主として二度にわたる「消費税」の値上げで賄われました。安倍首相の消費税値上げは、福祉予算のためというのは全くの虚偽なのです。

日銀にとっては、本来業務は政府から独立した「紙幣の発行者」、「銀行の銀行」、「政府の資金管理者」であり、その主たる職務は「市場金利の安定、物価の安定のための調整者」なのです。

日本銀行法第一条一項には「日本銀行は我が国の中央銀行として、銀行券の発行をするとともに、通貨及び金融の調整を行うことを目的とする」とあり、その第二項では金融の「信用制度の維持に資することを目的とする」とあります。

即ち、物価の安定と日本の金融の信用性維持こそが日銀の設立目的なのです。

然るに、安倍元首相は「デフレ脱却のために2年間で2％の物価上昇を図る」というアベノミクス金融緩和政策を打ち出しました。つまり、貨幣を市場に大量流通させて景気対策を図る目的で、新たに日銀総裁として、慣例に反し黒田晴彦氏を指名しました。安倍元首相の指導で内閣（財務省）と日銀との間で２０１３年1月、政府発行の超多額な国債は日銀は無制限に買入れる義務を負うとの「共同合意」を成立させたのです。その結果、日銀は自ら独立性を放棄し、言わば政府の子会社同然となったのです。

日銀は安倍内閣下で多量な国債発行を行ない、無制限の最終購入義務者となり、現在、約５５０兆円以上の多額な国債を買いこんでいるのです。それ故に国債価格の低落、円安、物価高騰など日本経済に混乱を齎し、日本銀行の信用をも著しく傷つけられているのです。

銀行、投資家にとっては、国債の買主であり、国債市場で国債売買を行なう巨大な利益取得集団です。

また、国債の発行は最初の買主＝国債引受人として、政府が特別に「債券市場特別参加人」として20社を指名しています。

国債の発行はその年の予算の不足分を補う重要な歳入の一部となるのであり、発行された国債は必ず全額購入（これを「引受」という）されなければなりません。それ故、２０２３年現在、政府は十分に国債引受人として財政力があり、信用できる内・外の金融機関20社を特に「債券市場特別参加人」として指名しているのです。指名された同20社は次のとおりです。

ＳＭＢＣ日興証券㈱、クレディ・アグリコル証券㈱、ゴールドマン・サックス証券㈱、シティグループ証券㈱、大和証券㈱、東海東京証券㈱、バークレイズ証券㈱、㈱みずほ銀行、㈱三井住友銀行、岡三証券㈱、クレディ・スイス証券㈱、ＪＰモルガン証券㈱、ソシエテ・ジェネラル証券㈱、ドイツ証券㈱、野村証券㈱、ＢＮＰパリバ証券㈱、みずほ証券㈱、三菱モルガン・スタンレー証券㈱、モルガン・スタンレーＭＵＦＧ証券㈱、ＢｏｆＡ証券㈱。

これら20社が政府の国債発行につき、競争入札により国債を購入します。金融商品として、金融市場で日々の利回り変動を勘案し、利回りが上がれば国債を他社に売却します。利回りが下がれば、そのまま保持して、最悪の時は満期日に国債の額面額及び金利の償還を日銀に必ず買受けてもらえるのです。

無論、債券市場特別参加者はその他の銀行、投資会社、投資家へ引受けた国債を売却し、さらに一般国民は銀行、証券会社などから国債を購入するのです。

国債市場の国債売買は、国債を保有している内・外の銀行、信託銀行などが薄い利回りでも、利回りが高騰すると予想すればそれを見逃さずに購入し、その後に高利回りとなれば国債を売却して利回り差率から莫大な売却益を取得しているのです。

このような国債の国債市場における売買を「国債ビジネス」と言います。国債の保有・売買は「株式」や「社債」と異なり、国債の売却の場合でも利回りが上がれば売却益が発生し、国債の満期期日までの保持の場合でも最低限政府保証の元利金支払が保証されているので、リスクのない金融商品として歓迎されているのです。

国債は銀行や投資家にとってはリスクがないばかりか、多額な国債売買では極めて有利な「投資物件」として機能しており、莫大な売買益をもたらす金融商品なのです。

国債の満期日には、金融機関を経て最終的には日銀によって確実に買取られ、その後は政府に償還されます。

政府による国債の元利金の返還（償還）には日本独自の不明朗な仕組みがあります。

外国では国債の償還期間が到来すれば、その時に国債の元利金全額を償還するのに対し、日本政府には「60年償還ルール」という特別な制度があるのです。

これは発行後、60年経過で一挙に満額償還するのではなく、10年毎に償還金の6分の1宛を償還し、残りの6分の5は別途国債の「借換えの新国債」を発行して「整理基金特別会計」に「借換債発行額」として移し換え、同借換国債の満期到来時にまた6分の1宛償還金を処理するのです。この「整理基金特別会計」は、国の一般会計とは異なり公表されません。ここに日本が超国債残高であるのに、一般会計では実際の国債総残高が表示されず、実は超国債大国である実体が隠されているのです。

三　国債の現在の問題点

1　日本は世界一の超多額な国債発行高

先にも述べたとおり、２０２３年末現在、日本政府の国債発行高は１,４４１兆円という膨大な額です。国債返済につき最終的に負担すべき国民は一人につき約１,２００万円の借金を負っているのです。

これは世界一の国債発行高であり、同年度の日本のＧＤＰ（国民総生産額）の２・６倍にもなります。換言すれば、一年間の日本のあらゆる生産高の金額を全国民が飲まず食わずで全て国債の返済に充てても、二年半以上かかります。

ちなみに、外国の国債発行高を比べてみると、最も高い比率順でギリシャでは国債発行はＧＤＰの１・７倍、イタリアでは１・４４倍、米国は１・２１倍です。いかに日本が多額な国債を発行しているかがわかります。かたや、日本でも１９７０年は国債発行はわずかＧＮＰ比12％の世界トップの健全財政国でしたが、平成当初のバブル崩壊後の１９９０年以降は、恒常的に赤字国債が増発されてＧＤＰ比２・６倍となったのです。

2　国債増発原因は安倍内閣の金融緩和策

安倍内閣は、アベノミクスの第一の矢で金融緩和策を掲げ、具体的には「２年間で２％物価上昇の景気対策」を目標に国債の増発して市場に多量の貨幣を供給したのです。

その背景には次のようなアベノミクスの第二の矢「財政の活発化」、第三の矢「成長戦略」がありました。

・土木・建設・都市開発などの大型公共事業関係予算及びそこに寄生する経団連傘下の建築・鉄鋼関連資本のための「建設国債」の増加発行。

・異次元の超金融緩和政策に伴う超多額の国債発行、そこに寄生する国債売買における膨大な売買差益を取得を狙う銀行・証券等の民間金融機関。

・憲法九条の改悪を先取りした、憲法違反である軍備強化に寄生する軍事関連企業に寄与する「軍事国債」の増発。

しかし、多額な国債発行による市中での多量の貨幣は当時平成不況でした。市場では大企業には大した投資意欲はなく、低賃金で国民の購買力もなく、ただ市中に多量の金銭が滞留し、結局大企業の内部留保金、日銀の大量な買取国債に留まりました。また、投資資金が株式市場に流れて高額株式配当、高額な大企業役員報酬となり、中小企業、一般国民へのトリクルダウンはなく、結果は国民の貧富の格差の拡大でした。

なお、この点に関連して付言すれば、安倍派内閣の方針は国債の超多額発行による超国家債務で、返済困難になるのではないかにつき、特異な財政理論としてリフレ派の見解に基づいていました。

即ち、多額な国債債務の返済方法は輪転機で貨幣はいくらでも発行し得るので心配ないという考えです。安倍内閣が異例の日銀総裁として指名した黒田東彦氏は、まさにリフレ派理論の信奉者であったのです。

しかし、貨幣を多量に発行すれば、それに比例して貨幣価値は下がり、特に国民の多くが所持する預貯金の意欲が下がり（≒物価高となる）、貧富の拡大をもたらす結果となるばかりでした。

現在の政府は、一般会計歳入の3割以上を国債発行に依存しています。このように、現代日本の国家予算の歳入は、約30％以上が赤字国債発行に依存した自転車操業の予算なのです。

このような重大な赤字経営は一般の企業・家庭では許されないことです。通常は収入額を前提としてその範囲内で支出を抑えるのが正道です。

安倍派内閣の金融緩和策により、超国債発行による多量紙幣発行は円の価値を下落させ、為替市場においても「円安」をもたらしています。

かつて1ドル70円代であった「円」は、150円前後と約1／2以下に下落しています。資源の少ない日本では輸入品の価格は値上がりし、物価高に企業も国民も苦しめられています。輸出産業は逆に為替益が発生しており、一部では繁盛しているのですが、現在の代表的な自動車産業で言えば、かつての円高や貿易摩擦の影響で現在でもその工場の約7割が海外で稼働しており、円安の恩恵を十分に享受していません。

日本国債の利回りは国債市場で日々変動していますが、金融緩和策での多額の国債発行は、今やその利回りは極端に低くゼロ金利を招いています。

安倍内閣の2012年～2022年の間の平均長期国債金利は、多量の国債発行で0・22％であり、歴史上類を見ないゼロに近い低金利となっています。ゼロ金利とは貨幣が投資されても資本としての利潤を生まないということ、売れずに商品化しないことであり、経済成長約0％を意味するのです。

また、実体経済で利潤が低下していても、なお利潤を強く求める日本企業の「資本の本性」丸出しで、非正規雇用制度を拡大し人件費を抑えて、実質賃金は下落しています。

然るに、日本企業、特に日本の銀行などの金融機関は、金融商品の金融ビジネスを活発化させて利潤を収奪することに邁進しているために、日本国債の国債市場における利回りは、金融商品取引でも利益が出ないところまで追い込まれているのです。

世界は1990年以降、金融緩和政策でインフレ、物価高、金融バブルに見舞われてきました。しかし、世界各国は2022年以降、金融引締め（政策金利の引上げ）に転換してきたのです。即ち政策金利の引上げとして米国では0・25％→5・50％へ、EUでは0％→4・50％へ、英国では0・1％→5・25％など、大幅引上げをしています。世界の国債平均利回りは2022年で2・4％上昇したのです。これによって、低利国債の償還により世界の金融時価総額は約5，900兆円消滅したと言われています。

しかし、日本は2016年以降低金利政策のままで、円安、高インフレに襲われているのです。特に食料、公共料金の高騰が激しく、食料品では20，800品目の値上げ、値上げ率14％、年間国民は68，000円余の負担増です。さらに為替の円安もダブルでのしかかり、安倍政権の2012年から2022年の間に1ドル79円から150円前後、約7割の円安、換言すれば輸入物価は7割も高騰したのです。またインフレで国民の預貯金もその価値は4％も減少しました。

国債が増発されて「国債ビジネス」が活発化すると、最終的に国債の返済金、元利支払金も増加し、それを確実に担保するために国家収入の確実な確保が必要となります。それは租税制度にも影響しています。その典型例が消費税増税です。国債の元利払いを確実にするために、消費税は1988年以降から徴収開始し、その後は消費税増税を繰返してきました。

１９８８年以降、消費税は０％➘３％➘５％➘８％➘１０％と徐々に高率となり、現在、消費税は毎年約20兆円の税収であり、当初からの総収入は約５００兆円にもなり、税収入では法人税収入、個人所得税収入を超えてトップの収入源となっています。

今後、国債発行のさらなる増大から償還金返済などのさらなる消費税の増税が見込まれ、このことは国債返済の元利支払額もさらなる増大となり、その支払担保として消費税の再度値上げが予想されます。また、国債のさらなる元利金支払増加は福祉予算のさらなる減額をもたらします。

３　日銀の自律性喪失、政府の子会社化

２０１３年12月、安倍政権と日銀は国債政策連携強化のために「共同声明」を発表しました。この声明で黒田日銀総裁は政府の異次元金融緩和に賛同し、日銀は今後国債償還するにあたり義務的に購入することを承諾し、銀行などから買取請求があれば無制限に国債を購入をすることを了解しました。ここに事実上、日銀の独立性は政府に剥奪されたのです。

その結果、日銀の国債買受による保有高は急上昇し、２０１８年には日銀総資産の約８割を国債が占め、また国債総発行高の５割を超え、約７００兆円の国債を保有するに至りました。この事実は日銀の信用性を著しく棄損するものです。

また、２０１３年以前は日銀の自主ルールとして国債、株式などのリスクある金融資産保有高は日銀が発行する紙幣発券額の範囲内に収めることになっていましたが、これも２０１３年に廃止されました。２０２３年現在、日銀の国債・株式などの保有高は日銀発券高の４・７倍にもなっているのです。

このような日銀の大量国債保有は、金融市場で日本の国債価格の急激な下落と共に「円」の信用性も下げました。結果として円安となり、輸入物価の高騰、輸入関連の国内物価高騰、インフレをもたらし、さらに国債価格の下落は国債満期償還（返済）の激増、それに伴う社会保障関係予算の削減、国民生活の貧富格差の拡大をもたらしているのです。

日銀は政府の子会社とまで言われるままに国債を無制限に購入したので、政発行の約1，441兆円の国債につき日銀はその56・5％、約581兆円も国債を保有しているのです（2022年度末）。日銀の財産目録では、国債市場での買入国債価格（簿価＝時価）が表示されていますが、備考欄には国債の額面金額の記載があり、「額面金額」合計より「簿価」合計額の方が約10兆円多いのです。

その差額約10兆円は、民間金融機関が日銀から国債を安く買入れ高く売却している差額なのです。換言すれば、日銀の額面金額には約10兆円の「含み損」があるのです。しかも日銀の純資産は2022年9月現在で約5兆円ですから、日銀はすでに債務超過となっているのです。

日銀が債務超過になると、財政法によって日銀の余剰金の半分を国庫に国債元利金の償還金として納付することになっています。今や日銀に余剰金はなく、政府への納付が実行できず、政府の収入が約5兆円減収しているのです。その減収分のために福祉予算などの減額にも影響しているのです。

4　銀行などの「国債ビジネス」による巨大収益獲得

これまでの伝統的な銀行業務は企業・個人への融資貸付による金利（利息）が主たる収入であり、証券会社業務は債券・株式の引受・委託販売の手数料が主たる収入でした。

然るにその後、特に昨今の銀行・証券会社は中小企業・個人への融資を渋り、代わって毎年約200兆円（毎月約15兆円）発行される国債の購入と、その後の国債市場における国債売買による金利差を狙った国債取引が業務の中心となっています。

国債売買の専門家（国債ディラー）が内・外の国債利回りを注視し、ITシステムを駆使して1秒間に数千回にも及ぶコンピューター操作による国債売買を行ない、巨額の売買差益の獲得を行なっているのです。

株式市場取引とは異なり、国債市場では日銀の最終的な引受義務的購入が保証されており、国債取引のリスクがないことは先に記載したとおりです。

そのために、株式市場の売買高は多くても一日に1000兆円規模の取引ですが、国債市場の売買規模は一日あたり3・5京（2022年度）という、天文学的な巨額取引市場となっています。

国債取引は現物市場ばかりではなく、先物市場でも同様です。今や日・米・英などの各国は日本、インド、EU、米国などの各国債市場を舞台として全世界的に24時間、活発な国際的国債取引を展開し、莫大な利益を挙げて巨大資本蓄積を行なっています。

このような膨大な金融取引は、物の生産とは無関係であり、非生産物の「貨幣」の取引なのです。

国債は多様な金融商品の中で元利支払金が政府に保証されているので、最も信用力のある金融商品（最高位評価はAAA、トリプルAランク）であり、その取引高も多く、銀行など金融機関におけるその収益率も極めて高いのです。

たとえば大手金融機関の保有する1兆円の投資による国債取引の場合、国債特別参加者ら金融機関は「国債引受手数料」、「売買差益」、「満期償還金」、「日銀当座預金金利」につき次のとおり莫大な利益を得ているのです。

・日銀が国債特別参加者に支払うその国債引受手数料は、１９９０のバブル期では０・６３％であり、法定準備金を超える1兆円の国債引受手数料は63億円です。

・金融機関の国債売買差益（ディーリング益）の利益としては、各金融機関が国債を購入し、国債市場で売却した時の売買差益です。

国債の売買は国際取引でもあるので、その国債記載の額面金額や表面金利（クーポン金利）ではなく、国債市場での「市場金利」（利回り）を基準として取引されます。

たとえば２０２４年2月9日の10年物国債の日本の市場金利は０・７０４％であり、国債の市場金利としてはかなりの低金利です。この様な場合、多くの金融機関・投資家は投資資金を株式市場に移動する場合もあります。

しかし、1兆円の国債取引ともなれば、国債市場の金利が低利で仮に０・０５％の金利差でも、５億円の利益、０・００５％の金利差でも５０００万円の利益となるのです。

しかも、このようなわずかな金利差に対して売買速度が1秒間で数千回も行なわれており、その時々の金利差により、大手金融機関は莫大な売買差益を得る国債ビジネスとなるのです。

この国債ビジネスでは、特に海外投資家が日本の短期証券や国債先物市場で約7割の売買を占めており、その実態は1分間で約1万回というＩＴ技術を使用し、高頻度の売買をして投機的利益を上げています。特に米国の「5大金融独占資本」である、ＪＰモルガン証券㈱、シティグループ、バンクオブアメリカン、ゴールドマンサックス、モルガン・スタンレーは、世界的な国債ビジネスの主役です。米国の大手地方銀行の実例では、3営業日で約3，000億円の利益を上げて、日本の国債価格の乱高下の原因となっています。

国債を売買せずに支払期限まで保有していれば、額面記載の額面額及び確定金利（クーポンという）が支払われます。現在の10年物債の確定金利は0・704％ですから、1兆円では10年後の金利は70・4億円が支払われます。

国債金利が右のとおり低金利であっても、満期待機の元利償還金取得のための国債保有でも、十分な利益をもたらします。

多くの大手金融機関は、満期前に国債金利の微小変動に対して高速度取引を行ない、売買差益を狙います。その国債取引高は、一日あたり2京円を超える一大「国債ビジネス」市場になっています。

この様に平成不況以降では、金融機関はだぶついた民間預金が国債購入に充てられて、中小企業への貸出しは控えられ（貸し渋り）、地域経済は低迷しますが、高い売買差益を出し、また満期償還も日銀相手の義務的購入による安定した国債ビジネスは活況を呈しているのです。ここにも1％の富裕層と99％の国民の間に貧富格差の拡大原因があるのです。

銀行などの金融機関が日銀に持つ預金口座を「日銀当座預金」と言います。その当座預金には、2008年以降0・1％の利子が付き、最近では日銀の年間当座利子支払額は2，000億円にもなっています。政府はその減額対策として、2016年から日銀当座預金の残高減額及び日銀当座預金にマイナス0・1％の政策金利を設定しています。

一方、金融機関が民間の企業、個人へ支払う預金利子は0・001％前後ですので、金融機関はその

100倍の日銀当座預金利子を受けているのです。この事実は結局個人・家計から銀行部門へ金融資産が移転または金融機関の不当利得していることになり、1991年以降その差額総金額は約700兆円と言われています。

国債、株式取引による恩恵は特に資本金10億円以上の大企業であり、内部留保金を活用して2017年には国債、株式などの金融投資利益は2兆854億円となり、10年前と比べて4・4倍となっています。しかし、海外投資家（外国金融機関等）の日本株保有高は、2017年に202兆円となっており、桁違いの投資・増収です。

また、日本の富裕層は2017年に299兆円と金融資産は1・6倍に増加しました。これに対して貯蓄ゼロ世帯は26％から31％と国民の約3分の1に増加し、貧富格差拡大の原因となっています。

その裏では、銀行の受取利子は低金利のままです。受取利息は1991年以降、2017年の間、1991年以前の約25年間と比べて総額329兆円のマイナスです。逆に大企業では、この間低金利のために571兆円の銀行融資による金利負担を免れているのです。従って、安倍元首相が想定した超多量の市場金銭が中小企業・国民へ広くトリクルダウンすることはなく、アベノミクスの第一の矢「金融緩和策」は失敗は明らかです。

現代の資本主義は従来のような単なる「生産物商品の生産・交換・消費」の繰返しではなく、国債・株式・為替の如き金融商品の超高額な金融商品の超高速な取引であり、その実態は生産物なき非生産的なバブル資本主義でもあるのです

バブルの実態は、資本金10億円以上の大企業が有する内部留保金であり、それを活用して2017年には国債、株式などの金融商品への投資利益は2兆854億円となり、10年前と比べて4・4倍のバブ

ルとなっています。

前記したとおり、この間、銀行の受取利子は低金利のままで、受取利息は１９９１年以降２０１７年の間、１９９１年以前の約25年間と比べて総額３２９兆円のマイナスとなり、逆に大企業ではこの間低金利のために５７１兆円の銀行融資による金利負担を免れているのです。

５　国債発行の弊害

これまで国債発行についての原因、関与者としての政府、日銀、銀行などの金融機関について述べてきました。

これら関与者による国債の発行、引受、流通、償還についてその問題点を挙げれば次のとおりです。

まず何といっても、第一の問題は２０２３年３月末現在の国債発行残高が１，４４１兆円という途方もない莫大な金額であることです。全ての国民一人あたり約１，２００万円の大借金であり、とても今後返済できる金額ではありません。

国民としては､各自知らぬ間に大借金を政府から負わされたという想定外のことではないでしょうか。しかし､この大借金があることは事実なのです。長年の､特に２０１２年以降の自民党の安倍派政治（安倍、菅、岸田首相ら）の軍備品の爆買い、日米安保条約に反した米軍駐留のための思いやり予算、法人三税の理由のない減税、内部留保金及び金融取引に対する不公正な税制対応など、国家の歳入及び歳出について、不公正な扱いが積りに積もって天文学的な借金額になりました。

この巨大な借金の多くは、現在一部の富裕者、即ち銀行・大企業の内部留保金として約550兆円、その海外資産として200兆円、富裕層の資産として約299兆円など、独占して貯め込まれています。逆に国民の大半は、政府の借金返済政策で消費税増額、社会福祉（年金・医療保険・介護費用）の費用削減、負担増大を負担させられて預貯金も少なく、結局、国民の間に貧富の格差拡大の原因ともなっています。

金融市場において、株式と比較しても国債は国の発行する金利付債券であり、発行額が巨額で国家信用に支えられており、巨額のマネー運用に最も適しています。しかし、そもそも国債の発行は国の借金であり最終的には国民の増税により償われるのでその増発は大問題です。

市場の国債価格は政府の保証があるとは言え、株価、金利、為替の変動で変化し不安定であり、またバブル経済の膨張と崩壊がほぼ定期的に繰り返されて、その崩壊のリスクは国民生活に悪影響を及ぼし国民の貧富の格差は増々拡大するのです。

国債の増発、国債ビジネス経済は実物生産高が減少しているにも関わらず、大企業の内部留保金は増大し続け、政官財の癒着が進み、世界の巨大少数金融寡頭企業が各国の金融財政に大きな政治的影響力を持ち、さらなる金融化経済が蔓延化し問題です。

空間と時間を超えた情報通信技術の発達でモノ作り日本は衰退しつつあり、代わって株式、国債、為替のキャピタルゲインという名の金融取引中心の国家に変貌しつつあることが問題です。

戦後、日本は長きにわたり、米国の従属的政治・経済の中で経過し、米国の国際金融独占企業が日本の経済を支配してきました。そのために日本の中小企業と国民は、内・外の二重の金融独占資本から収奪を受けるようになったのです。実態経済ではなく、専らマネー取引が支配する経済のあり方は、決して持続可能な経済ではありません。

そして、安倍派内閣の膨大な国債発行は円安、国債利回り低減、日銀の過大な国債債務負担などをもたらし、円の信用、国債のゼロ利回り、日銀の独立性と信用などを棄損したのです。

国債発行の弊害を経済循環として考えると次のとおりです。

安倍金融緩和策の国債増発→国債価格の下落、通貨下落→円安→輸入物価・諸物価高騰→国民生活困窮→政府の大企業・安保優先政策→国債の増発行→消費税増額→貧富格差の増大→金融商品(国債・株・為替)取引の活況→金融・大企業の利益増大

四　膨大な国債債務の解消策

1　過大な国債債務による破綻

2023年3月末の1，441兆円の膨大な国債債務をいかにして返済、解消するか、これは今日、日本の最大の国家的な問題です。

まず、国家及び自治体が経営破綻になった実例を見てみたいと思います。

破綻の実例としてギリシャと夕張市があります。そこでは年金開始年齢の先延ばし、公務員の削減、給与カット・ボーナス廃止、消費税増額、新税金徴収、各種公的サービスの廃止などがあり、結局公的

サービスの大幅カットと増税です。かたや多数の国民、市民が現に生活しているので国家、自治体を消滅させるわけにもいかず、市債、国債の巨大債務は、最小限の歳出と最大限の歳入増収政策が執られるのです。このような厳しい耐乏生活を債務消滅まで続ける以外にはないのです。

2　ジャック・アタリ（フランス学者）の見解

仏の経済学者、ジャック・アタリによれば、過剰国債債務の解決策は８つあると述べています。

①増税
②歳出削減（これは公的サービス削減、福祉予算など削減）
③税収入増大の政策
④低金利政策（国債債務の利子払の削減のため）
⑤インフレ創出（債務の圧縮）
⑥外資導入（外国からの借金）
⑦戦争準備（軍需産業の活性化による景気回復策）
⑧デフォルテ（債権放棄、破産）

これらのうち、現在も続いている安倍派政治は①～⑤の政策を実施中であり、⑦に向かいつつあるのです。

3　山田博文教授の見解

国債研究の専門家である山田博文教授は、巨大国債債務の解消策として次のように述べています。安倍内閣の異次元金融緩和政策（アベノミクス）は、日本の経済、財政、金融、社会全般を破壊しました。この重大事態からの脱出、再生のためには、円安や国債の低金利政策から徐々に脱出することが必要です。その対策として、以下の四つを挙げています。

①日銀保有の591兆円の長期国債の処理として、「安倍・黒田特別勘定」を別勘定会計として創設し、100年間単位の長期間で償還すること。
②民間金融機関保有の日銀当座預金残高約570兆円は、債権放棄してもらうこと。
③予算の歳入につき国債発行、日銀の国債購入義務の廃止。
④大企業の内部留保金・対外純資産・富裕層資産の単純計1，286兆円は「救国特別増税」などの増税　で吸収し、再建財政の財源とすること。

これらのためには、自民党政権の交代が是非とも必要と述べています。

さらに、同教授は巨大国債債務の解消につき、中長期の展望を含めて次のように述べています。

21世紀の日本経済の展望は、アジア諸国との平和共存の実現と考えます。

1％の利益団体である金融独占資本主義から脱却し、99％の国民・地域中心の持続可能な経済に転換すべきです。そのためには、次のように述べています。

①金融取引・地域越え取引に課税をし（＝トービン税）、為替相場の変動を抑えるべきで、これは課税率が仮に低率でも効果がある。

②地域の活性化のために、地域経済活動の一定割合を地域に再投資する仕組みをつくること。米国に「地域再投資法」の先例があり、食料、エネルギーの自給率を高め、為替に左右されないためにも国内での地域循環経済は必要。

③日銀の独立性を保証し、本来の物価安定の目的を果たすこと。

④国連総会で決議された「持続可能な開発目標」（＝貧困撲滅、健康と福祉、質の高い教育、クリーンエネルギー、ジェンダー平等、気候変動対策、格差是正、平和、生産と消費、安全な街など）の実行。

これらが財政的脆弱な国家である日本の今後の展望だとと結んでいます。

著者が思うに、まず国家財政の収支均衡を固持し、新たな国債発行は禁止することです。特段の例外的歳出が予想されるとも思われますが、現在でも予算の食い荒らしである何百億もの軍備・兵器の爆買い、莫大な補助金が出る原発稼働の廃止、安保条約、日米地位協定に基づく義務にない数千億円の「思いやり予算」の拒否だけでもすれば、国の歳出は歳入の範囲内で十分に納まるとはずです。あまりにも国家の歳出は無駄が多すぎます。

次に巨大な国債債務はその原因者及び支払い余裕のある企業が受益者負担、応能負担の税制原則に従って内部留保金・海外資産・金融所得等への新税負担または債権放棄により解消すべきです。

最後にこのような解消策は日本政治・経済・社会等の根本的問題にも関わることであり、米国依存、巨大企業優遇の自民・公明の現政権の交代、新自由主義の転換が是非とも必要です。

おわりに

現在日本が抱える1,441兆円の国債題は、現代と共に次世代問題でもあり、重大且つ緊急な大問題です。

然るに、この重大事実を知る者は一部学者・研究者を除いて、大半の国民には知らされていないのではないでしょうか。マスコミも巨大国債返済問題は全く取上げず、国の決算書にも日銀の決算書でも巨大国債債務は公表されていないからです。

しかし、現代の日本の物価高、株価の変動、円安、巨大な軍備費などの問題は、まさに国債の巨大債務に起因しているのです。

令和になっても平成不況がいまだに継続しているのは、米国依存のドル建て貿易であり、日本の軍備強化策、南西沖縄弧列島の軍事基地化も、安保条約を起点とした対米従属の外交が原因です。日本国民の納める各種税金も主として米国のために、また大企業の軍事関連予算のために費やされているのです。

それに引き替え日本の気候、風土に合った再生エネルギー、第一次産業の農業、水産業、林業の可能性への予算投下は著しく過少です。食料自給率も30％台、今後の日本国民生活は不安と危険に晒されていると言わねばなりません。

これからの日本の安全、安心の将来は安保条約解消、原発廃止、辺野古米軍基地建設反対から始められるべきで、将来は自主的な北欧並みの福祉国家を目指すべきと考えます。

外交は国連中心・国民の積極的抵抗行動、中立的な平和友好外交へ転換し、近隣のアジア諸国との友好外交を目指すべきでしょう。

経済活動は金融資本（国債、株式、為替等）の活動を高額課税などで制限し、第一次産業を重視して、株式会社の協同組合への組織転換して、多角的な生産重視の経済循環を形成すべきと考えます。

世界の現況はウクライナ・ロシア戦争、アラブ・ハマス対イスラエル紛争、北朝鮮の好戦挑発、核拡散問題、中国の支配地域拡大策など平和が所々で脅かされています。

そこに底通する問題は国際連合の半ば無力的な対応です。今こそ国連改革がなさるべき絶好の機会と考えます。

国連結成後、約80年が経過しており、国連の重大な機能不全ゆえの国際紛争の多発状態は、国連の現状変更が必要と考えます。安全保障理事会の改組・拒否権の排除、国連総会の重視、国連総会での多数決決議の工夫、「国連軍」の早期編成、国連軍・国連運営経費負担の合理的強化などがあります。

日本の国債問題も突きつめると、日本及び国際的な平和問題に行き着くのだと思います。

第2章

独裁体制から民主主義への政治的非暴力闘争

はじめに

本書の目的は「人々がどのようにすれば独裁政権を打倒できるか」のガイドラインの提供です。

主な内容は、アメリカの政治学者ジーン・シャープの著書「独裁体制から民主主義へ」をベースとした非抵抗政治闘争について指針です。

シャープはオックスフォード大学、バーバード大学で政治学を研究し、その後、ギリシャ時代のアリストテレスから現代の独裁政権、ナチスやスターリン、習近平などにつき研究してきました。

この間、パナマ、ポーランド、チリ、チベット、ビルマ、リトアニアなどへ赴き、「独裁体制」が多くの苦難と犠牲者をもたらすあくどい本性であるかを知りました。その経験と思考から、独裁体制は賢い闘争で倒すことができるのではないかと思うにいたりました。その体験から抵抗運動、革命、政治思想、政府の仕組み、特に非暴力的政治闘争などにつき、長年研究、著書の発表をしてきました。

独裁者と闘うことは，当然多くの犠牲者の代償なしでは行ない得ないのですが、その犠牲を相対的に低減しながら最終目標の「民主主義体制」を得る「戦略」につき、抵抗運動の主導者達のリードが重要であり、独裁統治の下に生き、自由を願う人々に、「非暴力」により独裁体制をどう倒すかを考察、思索したのです。

今日、世界ではロシア対ウクライナ、イスラエル対ハマスなどの戦火を交え、中国の習近平、北朝鮮の金正恩らの独裁政治らの独裁政治が存在します。日本国内でも自民党岸田内閣の米国に服従した軍国主義への危険な政治が着々と進行しつつあります。

このような戦争、独裁政治、軍備拡大政治に対して、私たちはどのように考え、具体的に対処すればよいのかを知ることがテーマです。

一　独裁体制への抵抗の方法

1　歴史と現状

1980年以降、一見盤石に見える独裁体制が民衆による非暴力闘争を中心として、一致団結した抵抗がありました。結果的に崩壊、または存続危機になった国は次のとおり多々あります。エストニア、ラトビア、リトアニア、ポーランド、東ドイツ、チェコスロバキア、スロベニア、マダガスカル、マリ、ボリビアなどです。

非暴力による民主化運動が進行中の国としては、ネパール、ザンビア、韓国、チリ、アルゼンチン、ハイチ、ブラジル、ウルグアイ、マラウイ、タイ、ブルガリア、ハンガリー、ナイジェリア、旧ソ連内の近時独立した国々などがあります。

これらの国々で独裁体制が崩れたとしても、なお独裁体制の遺物としての貧困、犯罪、官僚制、環境破壊などがあります。

過去数十年を見ると、確かに独裁体制から民主主義への転換傾向が見られます。フリーダムハウス(アメリカ合衆国に本部を置く国際NGO団体)の国際調査によれば、1983年と2009年を比べると次のようなデータがあります。

①自由な国54→89
②部分的自由の国47→63
③自由でない国64→42（ビルマ、サウジアラビア、ブータン、中国、北朝鮮など世界人口の34％を占める）

独裁体制の国では、長年の統治者による無条件で服従するような教育の実施で国民が個々孤立し、お互いに信頼した集団的活動や自主的活動が不可能になっていることが見えてきます。

その結果、国民は自信を失い、友人とも自由な振る舞いを恐れ、将来への目的と希望を失っています。

2　独裁体制への抵抗方法

「暴力の行使」　独裁体制が法律違反、裁判所判決の無視、その他残虐行為の多発があれば、その独裁政権打倒には暴力によって倒すこともわかります。しかし、あらゆる暴力、軍事的手段を振るっても多くの場合、犠牲者発生の結果となります。けだし暴力的手段は独裁者側が常に優勢だからです。

「ゲリラ戦」もよい解決策ではありません。長期化し孤立化し相手はよりさらに独裁化します。

「軍事クーデター」については、軍と民衆との箇に力の不均衡があり、民衆と軍とは組織の繋がりがなく、軍の一部リーダーの功名心により独断となり不適格です。

「選挙」は独裁体制下でも一見、民主主義的方法に見えますが、独裁者の選挙運営・介入、指名候補の大量当選で不適格です。

「亡命者による国外からの抵抗」は、効果は難しいのです。独裁体制の打倒はやはり国内民衆の抵抗が必要です。

3　効果的な四つの方法

独裁体制を最小の代償で最大の効果を出すためには四つの注意点があると考えます。

①民衆自身の意思や自信、抵抗技能を強化すること。
②民衆が関わる独立した社会グループや機関を強化すること
③国内で強力な抵抗勢力を組織化すること
④国民解放のための「全体戦略計画」をしっかりと練り、それを計画とおりに実行すること。

結局、強力な自助的勢力が賢明な戦略を手に、修練された勇敢な行動を起こし、純粋な力を持って非暴力でも向き合えば独裁体制はいずれ崩壊するのです。

なお、「非暴力」という意味は「従来、平和主義、消極的な無抵抗などと解釈されてきました。しかし、シャープの「非暴力」は「非暴力的抵抗」≒「政治的抵抗」≒「非暴力的政治闘争」を意味する」のです。

二　独裁体制との交渉の危険性

交渉による解決方法（平和的交渉、自由・合意の獲得）は、思うほど容易ではありません。交渉による解決は多くの場合、双方の力の対等、公正さに基づく交渉ではないからです。交渉による解決は、双方の力量の絶対的且つ相対的な力関係により、その結果も力関係を反映したものになるのです。

交渉責任者でよく見られるのは受身的、屈服的対応であり、よい見込みがあると考えて、心の底ではどこかで折り合いを付けたい、一部よい部分を引出し現状を早く収束したいなどの期待を持っている場合が多いのです。

「根本的でない問題」では交渉による解決もよいでしょう。労使間の賃金値上げ交渉が適例です。妥結金額が中間的解決もよしとすることであり、これは残酷な独裁政権の存続をかけた交渉とは違い過ぎるのです。

「根本的な問題」（≒独裁政権の打倒）を目的とした交渉では妥協は許されません。

仮に独裁政権が「平和的交渉解決」を提案しても、それは意図的に仕掛けた危険な「罠」のサインです。独裁政権は平和的解決と言いながら、かたや反権力側の切り崩しの目的の場合があり、ヒットラーもしばしば「平和交渉」を唱えました。

さらに重要問題で合意があったとしても、交渉責任者はその合意がその後に破棄された時はどうするかを考えておくべきです。独裁者は何を約束しても、その後、平然と反故にすることがあることを決して忘れてはなりません。

交渉の場合、重要問題点で自分達は何を放棄してよいか、また独裁政権はどの点を放棄できるかを考えるべきです。さらに合意後に独裁政権関係者にどんな社会的役割を与えるか、また、その結果によりどんな社会改革になるのか、或いはさらに悪化状態にならないかをも思料すべきです。

根源的問題での交渉では常に「交渉から抵抗へ」の交渉方法の転換を考慮すべきです。

交渉の難航の場合、最強の抵抗手段への切り替え、即ち政治的抵抗、非暴力的闘争への転換こそ自由獲得の手段なのです。

民主化闘争は一般に困難ですが、かたや現代の独裁体制は意外に脆弱なのです。ポーランド、東ドイツは１９８０年から約10年で崩壊、チャコスロバキアは１９８９年に数週間で崩壊、エルサルバドル、グァテマラの残忍な軍事政権は１９４４年に約２週間で崩壊、１９９１年のソ連崩壊では独裁体制下で多くの国が数日、または数か月で自由を回復しました。この多くは交渉よりも政治的抵抗運動でした。

三　独裁体制を支える力とは

巨大な軍隊と警察部隊をどうやって倒すのか？　その答えは実にシンプルなのです。

政治的な力の源は「民衆の力・支えによるのだ」だ（「猿の主人」の中国の寓話）ということを思い出すべきでしょう。

（中国の寓話―中国の楚の国で、老人が毎日猿に命じて森の木のみを集めさせていた。命令に従わない猿は鞭で酷く打たれた。ある日一匹の子猿が「森の木の実は誰のものか」、「許可なく取れないのか」、「なぜ猿たちは老人のために木の実を集めるのか」などの疑問を持ち、結局、猿達は老人に従う必要はないと気付き、森の奥に行ってしまった。その後老人はついに飢え死んだ)

即ち独裁者は民衆の支えを必ず必要とするのです。世の中には正当な理由もなく、策略によって民衆を支配する者が居ます。その策略を見破り、策略の内容を知り、暴くのです。

独裁者の策略的な政治的力の源は6つあります。

①権威(民衆の根拠なき過去の皇帝制等への信奉など)
②人的資源(統治者に従う人、グループの数とその重要度)
③技能と知識(独裁者の支配を支える技能と知識を有する協力者)
④無形の要素(民衆を独裁者に盲従させる心理的、観念的要素、例=身分制、天皇制など)
⑤物的資源(統治者の管理する財産、資源、金融資産、流通・交通手段など)
⑥刑罰など制裁権

これらの6要素は、独裁者が民衆側に対して従順に受入れさせ、協力させて初めて維持されているのですが、民主制にとっては独裁者が独占する根拠のあるものではありません。

即ち、民衆が協力すれば独裁者の力は増大するのであり、非協力すれば、即ち独裁者の力の源を差し止められ統治力は機能不全を起こし、やがては解体、消滅するのです。

独裁体制の歯止めは、民衆の権力に対する協力の度合い、力の源である民衆組織の統率力、民衆の権力に対する対抗能力によるのです。

独裁者の権力維持は、統治する民衆の「抵抗する意思、自由な決定権』＝「非暴力的抵抗運動」の有無にかかっているのです。換言すれば、民衆の服従的習慣の強弱によっているのです。

20世紀のソ連崩壊後のポーランド、ドイツ、チェコ等の非暴力的抵抗運動はその後アジア、アフリカ、南北アメリカ、太平洋諸島に伝播しました。

非暴力的抵抗運動は、元となる組織（家族、学生団体、町会、音楽クラブ等何でも）の多数人の存在が必要であり、これが民衆の力の源となり、やがて自律的な抵抗組織の基盤となるのです。

しかし、これらの組織が独裁者によって自律性を奪われ、あるいは管理されると無力状態となり、また権力者に利用されることもあります。よって、自律的組織の中心となるリーダーの責任は重要です。成功例として、１９５６年のハンガリー革命、１９８０年のポーランド革命があります。このような非暴力的抵抗運動は独裁政権を意図的に崩壊させる可能性を意味しているのです。

四　独裁体制の弱み

独裁体制は警察、軍隊、国家財政権の把握、情報機関など不死身に見え、これに対して民主派勢力は弱く無能に見え、効果的な抵抗は不可能に見えます。

しかし、独裁体制にもアキレス健の弱点、内部対立や争い、機関的非効率部分があります。その弱点を見つけ集中的に攻撃すべきなのです。

独裁体制には次のような多くの弱点があります。

①運営を支える民衆、機関、グループの減少や消滅。
②過去の政策が時の経過により政策実現効果の低下。
③ルーティン体制運営が新しい状況に迅速に適用できなくなる。
④過去の人員配置、資源が新しい状況に迅速に適用できなくなる。
⑤上司の機嫌を忖度し、部下が必要な事実を曲げて報告しまたは報告しなくなる。
⑥権威が損なわれて体制の神秘性、象徴性が弱くなる。
⑦独裁者に異常な思想、イデオロギーがあると、それに固執し現実への対応に適合しなくなる。
⑧官僚組織の硬直化で政策追行が不十分、不可能になる。
⑨独裁組織内部の争い、競争、対立があれば独裁制の運営が困難、分裂することがある。
⑩知識人、学生が現状の政策、抑圧などに不満を持つことがある。
⑪一般民衆が現政権への無関心、懐疑的、敵意を抱くようになることがある。
⑫身分・地位、階級、外国と格差が深刻、明白となること。
⑬独裁政権内のヒエラルヒーが不安定となり、地位の上下が頻繁となる。
⑭独裁者の意思に反して警察、軍の一部がクーデターなどの批判行動にでること。
⑮独裁政権は成立直後から安定するまで時間がかかる。
⑯独裁政権の意思決定は少数で行なわれやすく、判断に間違いが起こりやすい。
⑰独裁政権が危険防止として、管理と意思決定を分散させると、その中央集権力が弱まる。

こうした独裁政権の弱点を見つけて徹底的に攻めるのです。無論、民主化闘争は危険、犠牲者の発生、時間が掛ります。しかし弱点を集中的に標的にすればその成功率はずっと高くなるのです。

問題は民主化闘争を「どう実践するか」なのです。

五　政治的非暴力抵抗の多様な対抗策

独裁政権に対抗する手段としては、まず軍事的抵抗（兵器による武力行使）があります。しかし、これは独裁政権側により強力な武力・兵器があり不利です。「交渉」による解決方法もありますが、前述のとおり、その結果はあまり期待できません。そこで独裁政権に対して有効な戦法として考えられるのは「政治的抵抗」（または「政治的闘争」）であると考えます。政治的抵抗には次の特質、利点があるのです。

①独裁政権が選択する闘争手段に対して政治的抵抗は変化しながら柔軟に対応できる。
②独裁政権にとって民主勢力の柔軟な対応に予想できず対抗しにくい。
③政治的抵抗は独裁権の弱みに付け込んだ独裁力の源を断つ戦法。
④政治的抵抗はその戦法を質、量共に拡散したり、特定問題に集中できる。
⑤独裁者に判断を間違うことを引き起こすことができる。

⑥全民衆とグループを効果的に動員し、小規模な独裁制を断つことができる。
⑦効果を社会全体に広め、その後の民主主義社会の維持につなげ得る。
⑧非暴力的闘争は軍事的行動とは異なり、もっと複雑で多様で柔軟に対応できる。

政治的非暴力的闘争は過去に多数確認されていますが、大別すると三つに分類できます。

①「抗議行動と説得」―デモ、パレード、座り込み、牛歩など。
②「非協力行動」―「社会的非協力」、「経済的非協力」（ストなど）、「政治的非協力」など、多様な行動はシャープによれば198の方法があると述べています。これらを適宜選択、訓練すれば独裁政権に極めて有効です。例としまして、不買運動、ストライキ、社会的不服従、選挙ボイコット、集会解散の拒否、政府職員の非協力・情報伝達拒否、寝ずの座り込み、非暴力的妨害、歩き回り、仮病で休む、ピケを張るなど。
③「非暴力的干渉」―特に政治的非協力の場合、独裁政権の不当、不正の核心を突くことでその虚偽の正当性を否認すること。

具体例としては、故意に非効率に働く、ミス頻度を高める、故意の病欠、政治的信念の表明などです。この闘争では暴力行為は逆効果ですので避けるべきで、非暴力を貫くこと、独裁者の挑発に乗らないこと、恐怖感の払拭が大切です。

「政治的非暴力抵抗」には次のような四段階の進展があります。

一段、稀なことだが、非暴力の抵抗で独裁側の一部が抵抗側に移る（転向）。

二段、根源的でない争いの場合には「和解」解決もありえる。

三段、「非暴力的強要」＝独裁者側の指揮権が不安定となり、その権力を奪い崩壊する。

四段、「分解」＝独裁政権側の兵士や警察が分解されて民主制側に就く。


自由化闘争の戦略ではこの四つのメカニズムを頭に入れておく必要があります。「非暴力的闘争」の民主化闘争では次のような明確な効果がいくつもあります。

①独裁政権に対し民衆に自信をもたらす
②非暴力闘争は、どんな独裁政権に対しても非協力と抵抗の有効的効果を自覚させる。
③民衆に言論・出版の自由、集会の自由など民主的自由の実践訓練となる。
④独立した民主的組織の存続、再生、強化に寄与し、独裁志願者の勢力を阻止する。
⑤警察、軍部の威圧行動に対抗し得る民衆の抵抗手段を与える。
⑥独裁政権側の支配エリートの勢力を制限・阻止し、独裁状態の継続を脅かす。

このように「非暴力的政治闘争」は、複雑な社会的・政治的行動ですので、リーダーも参加者も事前に綿密な計画と準備が必要です。即ち「戦略計画の立案」が重要です。

六　政治的非暴力抵抗の戦略計画の立案

民主化闘争は困難な仕事です。これまでは多くの場合、ちょっとした契機（たとえば独裁者の残虐行為の発生、横暴な政策実行、過去の記念日の到来など）で民主化闘争が始まり、その直後に失敗したケースも多くありました。だから民主化闘争にはしっかりした戦略的思考と計画が必要なのです。

1「戦略的計画」には4つの基本的な要点

①「全体計画」の立案─適切且つ実現可能な経済的、人的、倫理的、政治的、組織的準備をし、責任ある関係者で立案する。その行動様式。敵へのダメージ、抵抗運動の連続性やその担当グループの選定・配分をする。

②「戦略立案」─全体計画の中での目的達成のための基本的、全体的な具体的計画を立てる。闘争をどのような方法で、何時、どの点から開始するか、各抵抗運動の組み合わせやその配置、その効果の判断等を計画する。

④「戦術立案」─限られた状況下で特定目的を達成する特定の行動を立案する。最大限の効果を出すには常に基本戦略と照らし合わせて行うことが必要。ある特定の戦術は戦略の一部を担い狭い範囲、少人数で限定目標のために行なう。攻撃的戦術は戦略目的を確実化する重要な行動なので、リーダーには優秀な指導力・判断力が求められる。

⑤「行動手段の方法」─非暴力的闘争の具体的方法は198とおりの方法があり、それ以外にも状況に

より多くの方法が考えられる。

①〜⑤を注意深く知性を十分に働かせて、場合と条件により適切に判断・選択をすることが必要です。このような計画でも惨事に至ることを忘れてはなりません。

2　戦略計画の立案

民主化を成功させるには、全体計画の具体的計画として「戦略」を慎重に立案することが必要です。そのためには物理、歴史、統治、軍事、文化社会、政治、経済など豊富な知識と理解が必要です。ここで重要なのは、抵抗側リーダーと戦略立案者が目的と理由をしっかり相互理解し、合意することが必要です。また独裁者の追放だけでなく、追放後の民主主義政府の樹立をも想定して立案しなければなりません。

戦略立案者の必要点は次のようなものがあります。

①自由獲得の障害は何か。
②自由達成の促進条件は何か。
③独裁体制の強みは何か。その弱点は何か。
④独裁権力の源をどこまで攻撃や遮断できるか。
⑤民主化勢力の強みは何か、弱みは何か、その補強策は何か。また第三者（無関心層、外国）の対応は

どうかなど。

全体計画の立案者は、今後の独裁側の出方の対応を考えるべきです。権力側は軍事闘争か、政治的抵抗なのか。いずれであっても、民主的勢力の強みを生かして対応可能なのか、その自信を高める方法を検討すべきであり、有効な政治的抵抗闘争に誘導すべきです。

3　手段の選び方

ここで需要なことは、政治的抵抗により独裁政権の維持・運営を不可能にする手段を選ぶ必要があります。非暴力闘争でも抵抗力が一定程度拡大すると、独裁政権がもはや暴力装置を行使しても民衆が屈せずに立ち向い、独裁側の暴力阻止まで可能になるのです。

こうした力関係の変化が民主主義社会構築へ進めることになるのです。こうなれば、民主勢力に外国からの援助も出始め、独裁政権へ経済制裁もあり得るのです。

民主化闘争の高度な進展によっては、全体計画を民主主義体制の樹立にも拡大して検討すべきです。独裁制復活の防止、民主的闘争の必要機関の設立、闘争中の民衆の生活安定策などです。

そのような全体計画の進展については、広く抵抗勢力や民衆に広報する必要があります。即ち、一般大衆に「猿の主人」のたとえ話にあるように「非協力の効果」を徹底的に広める必要があるのです。

民主化の進展により「戦術計画」も全体計画の更新に伴い修正・変更していくべきです。優れたリーダーはその場の変化により、戦術や目標を的確に進める必要があります。しかし、その修正は当初の「全体計画」や「戦略計画」の範囲から逸脱してはなりません。このような積み重ねで民主主義制は成功に近づきます。

七　政治的非暴力抵抗の柔軟な対応

「最初の抵抗運動」はリスクの少ない、民衆の取り組みやすい方法、たとえば異様な洋服の着方をして異議を表明する、安全な飲水の要求などでよいのです。「長期にわたる闘争」ではすぐに効果の出るものではなく、限られた目標達成でよいのです。

全体計画では初期、中期、終期で分けた運動を立案者は考えるべきです。「初期の運動戦略」では、独裁体制に依存する特定な社会的、政治的、経済的政策を対象とした攻撃でよいのです。それにより独裁制にインパクトを与え得るのです。

二、三のグループの別々の運動も好ましいです。独裁者の誇示する「象徴」を定めて批判する運動でもよしです。少人数の場合は、花を持った抗議運動、学生運動のストトライキ、ジャーナリストの抗議として白紙紙面の新聞発行でもよいのです。

多人数の場合には、象徴の前でのハンガーストライキや徹夜座り込みでもよいです。これらにより、一連の運動を継続して長期間闘争で有利な方向に貢献していきます。

より効果的な民衆の抵抗を示すには、戦略立案者は独裁権力の力の源を弱体化させる抵抗戦略が必要です。

それは独裁者の支持者である政権内部派閥、警察、官僚に働きかけることが非常に重要です。特に軍隊、警察を民主側に引き寄せることは非常に難しいのですが、説得には彼らに直ちに反乱を起こすことを頼まず、まず意思疎通として比較的安全な「隠れた権力側の非服従者」に連絡し、非服従方法を知らせるのです。たとえば抑圧命令に非効率になったり、指名手配中の政治的人物を逃したり、民主側に弾圧情報を漏らしたり、重要情報を上官に報告しない、役人ならば重要書類の紛失、病気と称して休暇取得（自宅待機）などがあります。

戦略立案者はいつも全体計画と戦略・戦術の整合性に注意し、戦略がうまく進まない時は戦略・戦術の修正、担当グループの変更、追加物資の補給などを考慮する必要もあります。

八　独裁体制の崩壊

独裁体制を崩壊させるキーポイントは、独裁体制の最も重要な「力の源」（即ち、権力への服従、協力、屈服）を標的にしてそれを崩壊させることです。

一般的な進展過程を述べてみます。

第一に民衆の「政治的権威」に対する否定、不服従を行動で示すことです。

第二に権力側の「人的資源」の不服従です。大衆の大部分が非協力行動を実行すれば、また公務員が非協力作業、ストライキをすれば行政機能に大きな障害が発生します。

第三に「権力側の技能・知識者」の不服従です。これで効果的な行政能力がひどく弱まります、第四に権力側の「無形の精神的要素の転向」、即ち独裁者周辺の協力者、服従者に対する心理的、精神的離反、転向などの発生があります。

第五に「物的資源」（資源、交通、通信手段等）の民主側への移行となれば、独裁権力は弱体化します。

第六に最終的には権力側の「刑罰権、軍隊、警察」の排除ができれば、独裁者の最後の源が断たれて最終的には崩壊します。

「独裁政権」の崩壊により社会、経済、文化、政治の領域で多くの自律的組織が生まれ、民主主義が拡大していきます。

抵抗勢力と民主的組織が組み合わされて民主的自由が広がり、民主体制が揺るぎないものとなっていくのです。１９８０年代のポーランドの軍事的共産党からの民主制への移行はその典型例でした。

時期は独裁制と民主主義政権の同時並行政府が存在することがありますが、そのうちに民主主義政府の単独となり、暫定政府を確立し、憲法制定、民主的選挙が実施され、民衆の代表議員が選出されます。

しかし、抵抗勢力がしっかりと根づくには数年はかかります。よって、長期的な政治的闘争は長期間計画を建てて、独裁勢力の復活に注意することが必要です。

九　独裁体制崩壊後の民主主義体制の基礎作り

民主政権が勝利しても、新たな独裁勢力の発生を防ぐための予防措置が必要です。独裁崩壊は民主制の出発点にすぎず、アリストテレスも「暴君は別の暴君にとって代わる」と警告しています。

民主制を否定し、クーデターが自らの正当性を主張して決起することもあります。クーデターは旧守派の官僚、軍隊、警察、裁判官らの助言・協力で「虚偽の正当性」を振りまくからです。クーデターに対する防衛の基本原則は、民主主義化と同様に「非協力と政治的抵抗」です。これに成功すればクーデターも死に絶えるのです。

民主主義制度が成功すれば、新しい憲法が必要です。その内容は民主主義を守るものであり、警察、諜報、軍隊の行動には厳しい制限を加える必要があります。また憲法では各地域、州、地方に大きな権限を与える連邦制が望ましい（具体例、スイスのカントン制。国家を連邦制とし、地方自治体に大きな権限を与える制度）です。民衆も参加して作成し、容易に理解できる内容であるべきです。

また、防衛制度について注意すべきは、いわゆる「軍事力」の不保持であり、それ自体が民主主義を脅かし且つ多大な経済的負担を強いるからです。国家の内・外からの防衛策の中心は「民衆の民主的政治的抵抗と非協力，非暴力」を基本として、その行使・態様については、民主的な構造、手段、手続を定めるべきです。

これまで述べてきたまとめとしましては、民衆を襲う独裁政権をはね退け、民主制を勝ち取るには「政治的抵抗や非協力、非暴力」であるということです。

その要点はを挙げます。

①独裁体制からの解放は、独裁体制自体が民衆により支えられているので、民衆の固い団結により独裁体制の打倒は可能である。

②その達成には非常に慎重な考え、全体計画、戦略、戦術、柔軟性が必要。
③政治闘争には警戒心と努力、鍛錬された何人かの指導者、民衆の協力が不可欠だが、時には大きな犠牲が伴うことがあり得る。
④自由は他から与えられるものではなく、苦痛を伴うが自らの手で勝ち取るもの。
⑤自由は不断の努力の下に、粘り強い人々によって防御され永続するもの。
⑥訳者瀧口範子氏（上智大学卒、スタンフォード大学客員研究員、ジャーナリスト）のまとめ、「独裁体制は民衆が従わければその力の源を失う。だからこそ非暴力的闘争が有効なのです」

おわりに

本書は最初に著者が述べているとおり、独裁体制から民主主義への一般論としての著作です。しかし、その内容は具体的ケースの民主化において具体的手法、提示までこれまでにない新たな視点からの著作で極めて有効な指導書だと思います。また、本書の民主化の対象国は、多くがいわゆる発展途上国の事例です。

しかし、本書の政治的非暴力抵抗運動は、我が日本国の民主化闘争にも大いに利用、活用できると思います。現在の長期政権である自民党の反憲法的、反民衆的政治は十分に「独裁政治」と言い得るからです。本書を活用して、排除さるべき自民党独裁政治の独裁政治の実態を挙げてみます。

①集団的自衛権など重大政策の閣議決定の横行、国家上級職の人事局新設による人事介入、選挙民の意思を尊重しない戸別訪問の禁止や小選挙区制度など、選挙制度の不公正・悪用、国会での需要法案の単純多数決による強行採決など。
②非暴力防衛の真逆である好戦国、米国との日米安保条約の強化・追従。
③憲法第九条（戦争放棄）、第一三条（個人の尊厳）、第一四条（平等条項）など、多くの憲法違反の反民主的政治、民衆の福祉政策、貧困対策を軽視し、大企業優先、不公正な消費税頼りの財施政策。
④世界的有数の地震国である日本で、原発推進政策と再生エネルギー政策の軽視。
⑤欧米の横断的労働組合を取り入れず、経団連傘下の大企業の御用労働組合を中心とした、組合相互で争う労使協調の企業別労働組合の推奨。
⑥日本学術会議つぶし、大学組織・運営への政治介入、学術・文化の軽視政策。
⑦地方自治の軽視、沖縄辺野古問題の露骨な差別、沖縄県への嫌悪政治の継続。
⑧民衆管理を優先した秘密保護法、マイナンバーカードなど反国民政治の強硬など。

現在の自民党政治による多くの「独裁政治」に対して、日本の民衆が結集し、欧米、東南アジア、中南米・アフリカ諸国などの国々と同様に、日本でも現在、非暴力的政治闘争の実行が求められているのです。

第3章

軍隊のない国「コスタリカ」の安全保障と高度な民主主義国家

はじめに

本書は2023年11月出版の拙著『安保条約を解消し、豊かな福祉国家へ』の補充する文章です。右拙著の226~227頁（軍隊のない国家がある）に「コスタリカ」を挙げました。そこでは国名のみでその具体的内容については触れていません。

ところで、コスタリカの軍隊不所持、国政・社会の民主制等について、つい最近、『コスタリカ「純粋な人生」と言いあう 平和・環境・人権の先進国』（伊藤千尋著・高文研　2023年11月1日発行）に出会いました。同書ではコスタリカの非軍事、政治、社会の民主制等につき多くの記載があり、その内容の素晴らしさに感服いたしました。

『コスタリカ』は、拙著と内容において同旨であると考えます。

ついては、本稿において、名著『コスタリカ』の宣伝を兼ねて、紙幅の関係もあり、その重要ポイントを以下の通り紹介いたします。

一　憲法で軍隊を廃止した中立国コスタリカ

コスタリカは中南米にあります。北海道の約6割の面積と人口590万人の立憲民主主義国で、コーヒ豆とバナナを主産業として輸出する小さな農業国です。また、内戦を勝利した農業事業家であり、国民解放軍を指揮したホセ・フィゲーレスが１９４８年12月１日、軍隊の解体・廃止を宣言しました。次いで１９４９年11月発効の憲法第12条にて。正式に軍隊を廃止したのです。

憲法第12条

「常設の組織としての軍隊は禁止する。公の秩序の監視と維持のために必要な警察力は保有する。軍事力は大陸内の協定または国内防衛のためにのみ組織することが出来る。これらはいずれも常時、文民の権力に従属し、個別・集団のいかを問わず、審議・表明・宣言できない」

憲法第12条の第一文は端的に「軍隊の禁止」を明文化しています。第二文は国内の治安維持、領土保全のための警察力（＝警察署と国境警備隊）であり、その武器はピストルなど小火器のみであり、戦車、軍艦、戦闘機は所持しない。第三文の「大陸内の協定」とは米州相互援助条約を指し、米国と中南米諸国との集団的安全保障条約です。しかし、コスタリカは軍隊禁止国であるので、難民支援、負傷者救援などの任務のみであり、それ以外の加盟国への攻撃など軍事支援はしない、との条件付きで参加が認められているのです。第四文は三文の難民支援隊などは一切の独自の意思表明の禁止（クーデターの防止等）との内容です。

他国からの攻撃に対する防衛対策としては、第一に相手国との平和的な話し合い解決、第二に国際司法裁判所への提訴とそこでの和解解決、第三に米州相互援助条約の援助です。

コスタリカは１９８３年に中立国宣言をなし、集団的安全保障に頼ることもなくなりました。この体制でコスタリカは軍隊禁止の憲法発布以降、75年間一切の武力紛争もなく、平和な市民生活を維持しています。

それればかりか、この間、隣国ニカラガとの紛争の際は話し合いで解決し、１９９４年、当時のアリアス大統領は、隣国パナマ政府との協議でパナマ国家の軍隊廃止を実現し、さらハイチの政変でも最終的に軍隊廃止を助言して実現しました。その功績でアリアス大統領は、１９９４年にノーベル平和賞を受賞しています。

またコスタリカは国連核兵器禁止条約を１９９７年に国連に提案し、２０１７年7月に賛成多数で採決され、２０２1年1月に同条約は効力発生しました。

この様にコスタリカは中南米の小国ながら今では「平和の輸出国」の大国とも呼ばれています。

二　高度な民主主義国家

コスタリカの国会は1院制で国会議員は57名です。任期は4年間で議員の連続再選は禁止です。連続当選は議員の世襲化、職業的政治家の排除、政治の私物化を招くので4年ごとに全員が入れ替わる制度としているのです。

国会議員の選挙は完全比例代表制ですので、死票は少ないのです。議員の男女平等も徹底しており、各党の比例候補名簿は「男・女・男・女……」の如く、男女を交互に記載する制度になっています。

コスタリカの２０１６年の国家予算総額は1兆70億円であり、その内、国防予算は僅か４２０億円(2・5％)、教育関係予算はその約10倍の４８４０億円（29・5％）でした。要するに軍隊禁止による予算は教育関係費にあてられています。コスタリカとしては教育を重視した政治をしているのです。この点につき憲法第78条には「国の教育費は国内総生産（GDP）の8％以下ではならない」と定められています。

教育は幼稚園から高校まで13年間が義務教育で授業料は無料です。大学生は7割に奨学金を支給し、奨学金の返済も無用とのこと。残る3割は経済的余裕の子女ですが、1年間の授業料は日本円で3万円とのこと。コスタリカでは子女の教育こそ豊かで平和な国家を創造する原動力であるという理念に基づいた政治を行なっているのです。

授業は討論形式が多く、教師も自分で工夫した授業を行なっているようです。ある教師の言葉として「教育の目標は市民の権利意識をきちんと持ってもらうこと、誰もが一市民として国や社会の発展に寄与する気持ちで一人の人間として自立し、何よりも本人が幸せであることが目標です」と述べています。

三　世界一幸福な国

さらにコスタリカは国内の自然環境保護も重視し、原子力発電所はゼロです。全て自然再生エネルギーで賄っているとのことです。

また、政治面では三権分立の外に「第四権」として「選挙最高裁判所」があります。これはコスタリカに居住するすべての人（外国人、移民等も含む）が生活上、憲法違反と考えると、下級裁判所を経ず、ただちに「選挙最高裁判所」に違憲申立てをする権利があるのです。

この申立てには弁護士は必要なく、手紙や電話でも受けつけ、費用もかからず、憲法違反事件として受理されて、緊急解決の必要のために平均約二週間で判断が出るそうです。

違憲申立ては2022年には約3万件余の申立てがありました。例えば、病院での待ち時間が長すぎる、性同一障害者の「自分は女子の名前にしたいが学校は男子名を強制する」との訴えもあったとのことです。いずれにしても、憲法が市民の生活の中に身近に生きている「人権尊重」の国であることがわかります。

この様にコクタリカは現在「世界一、幸福な国」として国連やヨーロッパでのNGO調査でも評価されている国なのです。

第4章　日本における「非武装中立国」の実現方法

はじめに

拙著『安保条約を解消し、豊かな福祉国家へ』の225頁にて、日米安保条約を解消した後において、日本の領土、国民をいかに安全・平和を維持するかについて、国連活動の重視、近隣の東北アジア周辺国との平和外交をもとに、自衛隊を解体して、警察力による治安維持を主張しました。

この問題について、『新版　自衛隊も米軍も、日本にはいらない！　恒久平和を実現するための非武装中立論』（花岡蔚著・花伝社出版）　2023年5月3日発行）は、正面からこの問題を取り上げて、さらに深い考察を論述しています。

花岡氏の著書については、今後、日本の安全保障を具体的に実現していく上で大いに参考になると考えて、同書の宣伝をも兼ねて、その概要を以下の通り紹介します。

一　日本の「非武装中立国」の実現方法

本書では日本の今後の安全と平和実現の目標、方法につき、日本国憲法第9条を厳守して、特に次の2点を挙げてます。

（1）防衛省と自衛隊を廃止して、新たに新官庁「防災平和省」を創設し、自衛隊員を全員、防災平和省に移籍し、日本の防災と国境警備の任務に就かせる。

（2）日米安保条約を破棄して、日本国内の米軍基地を撤去し、米軍隊員は母国に帰国させる。

初めから鋭い指摘の政策提案ですが、日本の平和実現の方法をよくよく真剣に考えてみると、現在日本は安保条約に基づく米軍基地が多数あり、また多大な人命の喪失の元に獲得した憲法第9条が全く死文化して世界第4位の強大な軍備、自衛隊員とその基地も多数有する世界でも一流の軍国主義国家になっているのです。この現実を見れば花岡氏の右2点の指摘は眞に正当な鋭い政策提言と思います。

長い、酷い経験をしたアジア太平洋戦争から79年経過した現代でも、ウクライナ、中東、ミャンマー、コンゴーなど世界各地で再び戦争、紛争が絶えません。

「戦争」とはどんな大儀名分があろうとも「人災」であり、人による人の殺し合いであり、いかなる理由があっても決して正当化されるものではありません。

従って、戦争・紛争はいかなる場合でも、話合い、協議、調停、国際司法裁判所による司法判断にて解決すべきものです。決して武器、武力、軍隊による武力で解決すべきではありません。

この明白且つ明快な真理から、少なくとも日本の平和と安全維持のために頭書の2点の結論は考えてみれば、ごく当たり前な正当な政策と考えます。

二 「防災平和省」の組織と任務

まず防災平和省（以下「防平省」という）の任務から述べれば、第一に自然災害・人災の災害救助が任務であり、第二に国防・国境警備任務、第三に海外で発生する災害、紛争への非武装救助活動です。

これらの任務のための要員は、右任務に関係する各省庁からの統一的な組織化とその公務員の統合体です。関係官庁は具体的には防衛省、国土省外局の海上保安庁、気象庁、消防庁、警察庁、自治体警察、復興庁、環境省の関連部署等です。その総勢は現在の自衛隊員の定数約25万人の2倍である約50万人と見積もられており、各県に約1万人の要員と考えられています。

このうち前記第一、第二の災害救助、復興支援、人道支援、国境警備の現場の職員を「災害救助即応隊」（通称ジャイロ（Japan International Rescue Organization）と名付けています。

ジャイロは平時には駐屯地の地域において行政活動をなし（時には衰退しつつある農林水産業の補助者にもなります）、災害などの発生時には、陸上警備隊、航空警備隊、沿岸警備隊に衣替えして、専門の警備・監視活動を行なうのです。

この際、使用する防具は非武装に限り、不法な侵攻に対しては、防戦（避難、抵抗、排除活動など）で対処し、武器としては軽武装として、現在、警察官が所持しているピストルの使用は許されるのです。それ以上の侵攻に対しては重装備の機動隊並みの防護器が許されます。航空警備隊では大・注・小の輸送機、哨戒機のみによる監視となります。

この様な軽装備での対応が災害平和省によるジャイロの対抗策となるのです。

三　外国からの武力侵略による対応

外国の武力による侵攻対策は重要な問題です。先にも述べたように、今後日本は世界に先駆けて「非武装中立宣言」を早急に表明・実現する必要があります。従って、窮迫不正の外国からの侵略に対しては軍事力に頼らず、第一にジャイロによる非武装の初動対処、即ち当事国との間で紛争解決の政治的交渉で解決すべきです。それが難航した場合には国際司法裁判所への提訴と共に、日本国民は不服従の政治的抵抗、非武装の抗議行動、各種国際機関・友好国の仲裁申立などにより侵略国の不当性、排除を粘り強く主張すべきと考えます。

この様な時に仮に武力による「反撃力」の行使、軍事的兵器の対抗に出れば、必ずや相手国はそれ以上の強力な武力攻撃でエスカレートして攻撃を行なってくるのがこれまでの歴史の教訓です。即ち、さらなる強力なミサイルなどの軍事紛争となり、地域的にも戦闘地域が拡大するのがこれまでの戦争の経過です。従って理由のない外国からの侵略に対して決して「抑止力の強化」や「反撃」の展開は行なうべきではないのです。

そもそも「抑止力」とは、実際には強力な武器を相手方に見せつけて、相手の恐怖、威嚇効果を期待するものですが、そのような脅し、脅迫行為は武力行使の前段階でもあり、ちょっとしたつまらぬきっかけで大規模な武力衝突に発展しやすく、結局、抑止力＝武力行使となるのです。「抑止力」による安全保障維持方法は、世界平和にとって極めて危険な防衛手段なのです。

さらに、武力攻撃に対して前記の粘り強い外交交渉、国際機関の調停でも解決しない紛争に対しては、「武力反撃は百害あって一利なし」を熟慮して、最後は「人間の生命」ほど価値あるものはこの世にないのであって、抵抗して殺されるよりは「降伏して捕虜」になったほうが正しい選択であることを覚悟することは、先の世界大戦でも経験済みであることを知るべきです。

無論、「降伏して捕虜になる」と言っても、その後の侵略者に対する国際軍事裁判、侵略事実の調査、摘発により非武装の国民を捕虜、虐待行為の責任は厳しく問うて断罪すべきです。

四　憲法第9条の堅持、非武装中立国の実現のために

現代の安倍派政治は軍備費として国民総生産の2％の軍備費、今後5年間に43兆円の軍備費への投資を基本政策としています。しかし、先に見たように軍備費を拡張すれば平和・安全が得られると思うは全くの錯誤です。事実は全く逆で非武装の拡大こそ平和・安全な国となるのです。これからの日本の将来は国際連合憲章及び憲法第9条を厳守して「非武装中立の立場で対話を重ねて日本の平和と安全を築く」をスローガンにして日本の政治を進めるべきです。そのために花岡氏及び小職は次の提言をします。

①多くの有権者の政治参加により投票率の向上と、軍国化を進める自公政権の交代
②横断的労働組合の強化、活性化により、革新平和推進政権樹立の実現
③経団連の資本活動暴走の規制と独占禁止法の罰則強化
④日米安保軍事条約、日米行政協定の破棄と安保条約に基づく予算執行の停止、会計検査院の権限強化

現在の自公政権は経済成長主義政策を進め「経済成長無くして分配なし」を唱えていますが、この政策は全くの誤りです。経済成長なくしても、国家歳入で軍備予算を削って、教育、福祉、ジャイロ予算に回せば、前章のコスタリカのような世界一の福祉国家への歩みは可能と考えます。

川島 仟太郎（かわしま せんたろう）

1939 年 6 月に生まれる
1963 年 3 月、慶応義塾大学経済学部卒業
1965 年 3 月、中央大学法学部法律学科卒業
1967 年 10 月、司法試験合格
1970 年 4 月、弁護士登録（第二東京弁護士会所属）
裁判所関係 —— 東京地裁調停委員
法務省関係 —— 人権擁護委員
弁護士会関係 —— 紛議調停委員会副委員長
豊島区関係 —— 法律相談員、豊島区法曹界幹事、結核審査会委員
池袋警察署 —— 犯罪被害者救済委員会委員
2020 年 9 月　弁護士業務五十年表彰

『安保条約を解消し、豊かな福祉国家へ』（2023 年 11 月、東銀座出版社）

『安保条約を解消し、豊かな福祉国家へ』　Ｐａｒｔ ２
日本の民主主義のさらなる進展のために

2024 年 6 月 6 日　第 1 刷発行 ©

著者　川島 仟太郎
発行　東銀座出版社
〒 171-0014　東京都豊島区池袋 3-51-5-B101
TEL：03-6256-8918　FAX：03-6256-8919
https://www.higasiginza.jp

印刷　創栄図書印刷株式会社